Poema In Código

Sumário

01 Deus — 04
02 Nuvens — 07
03 Futuro — 11
04 Detalhes — 14
05 Números — 17
06 Amanhã — 19
07 Luto — 21
08 Prioridade — 23
09 Chefão — 25
10 Dimensões — 28
11 Fé — 31
12 Artigo — 33
13 Confusão — 35
14 Vento — 37
15 Momentos — 39
16 Pagamento — 41
17 Papéis — 43
18 Ponto — 45
19 Mapa — 48
20 Silêncio — 50
21 Maratona — 52
22 inverso — 54
23 Copo — 56
24 Controle — 58
25 Eficaz — 59
26 Mergulho — 61
27 Falhas — 62
28 Seu jeito — 63
29 Sinais — 64
30 Visões — 65

31 Pacífico 66
32 Livro 67
33 Escolha 69
34 Autor 71
35 Conselho 72
36 Continua 74
37 Linha 76
38 Trovão 77
39 Riqueza 79
40 Horas 81
41 Lama 83
42 Porquê 85
43 Volte 87
44 Poder 89
45 Intenção 92
46 Corrida 93
47 inimigo 94
48 Sonhos 95
49 Uma 96
50 Mundo 97
51 Casa 98
52 Religião 99
53 Sofrer 101
54 Investir 102
55 Fora 103
56 Produto 104
57 Antes 105
58 Crítica 106
59 Visão 107
60 Dinheiro 109
61 Atenção 110
62 Latim 111
The End 112

01 Deus

Fotografias. 01

Mandamentos revelados, 02

Não teve carnaval! 03

Nem todo ano é normal. 04

Não tem preço sua mágoa! 05

Luz do dia, natural. 06

Colarinho ou gravata? 07

Dia de formatura? 08

Cacos, copo. 09

Água e óleo 10

Não se mistura. 11

Dose de amor, 12

Perguntas, 13

Respostas, 14

Confiança 15

Força poderosa. 16

Não confunda 17

Salmão com rosa. 18

Céu azul anil, 19

Caneta atua mais que o fuzil. 20

Quantos caiu? 21

Quem não estava não viu. 22

CORNETA TOCOU! 23

MAS, NÃO ERAM ARCANJOS! 24

DISCO ARRANHADO, 25

MUDA ESSE CÂNTICO. 26

ROSA, 27

CORES, 28

FLORES É SINÔNIMO? 29

GIZ NA LOUSA, 30

DORES E SEUS GANHOS. 31

DESCANSO TE FAZ CRESCER! 32

LER TE FAZ ENTENDER. 33

SEUS SONHOS, 34

DEPENDE DE VOCÊ. 35

AMANHÃ EU ERRO, ACERTO DE NOVO. 36

VIVENDO UM DIA APÓS O OUTRO. 37

ANO MACABRO! 38

???? MIL VELÓRIOS? 39

DEUS CONFORTE, 40

QUEM TEVE SUAS PERDAS. 41

MEU RESPEITO, 42

RIMAS, ALGUMAS LETRAS. 43

Na incerteza melhor rota, 44

Seguir em frente. 45

Tempo é rei! 46

Quando ele passa 47

Muita coisa entende. 48

Péssimos em fazer previsões. 49

Julgamos, sem conclusões. 50

Livros, 51

Anotações, 52

Judas procura perdão? 53

Demanda da situação. 54

Notas, avaliações, 55

Boas intenções? 56

Brigas, 57

Razoável as razões. 58

Crianças pulos colchões. 59

Rimas em formação, 60

Gerando informações. 61

Orquestra, 62

Operação, 63

Bisturi na mão, 64

Ganhando um novo coração. 65

01

02 Nuvens

Criação? 01

Invenção? 02

Distração? 03

Joga a roupa na máquina, 04

Ou lava na mão? 05

Nuvens, 06

Prediz o clima. 07

Imagem de forma didática, 08

Vai dizer que é mágica? 09

Desenhos, 10

Minha versão emblemática, 11

Está em qual página? 12

Detalhes não vão perceber. 13

Letras, 14

Mundo ao contrário. 15

Muito a fazer. 16

Folhas que mudam a gente. 17

No futuro 18

Rimos do passado! 19

Momento 20

Diferente. 21

Mérito da coragem?   22

Passo a fase,   23

Escrevo outra frase.   24

Conhecimento   25

Conhece a crase?   26

Impossível,   27

Mera opinião.   28

Que ouvir seu coração?   29

Basta ter coragem.   30

Dom,   31

Sabedoria,   32

Quem diria,   33

Ouviria?   34

Certeza,   35

Não é ironia.   36

Minuto sozinho,   37

O silêncio te ensina.   38

Se gritasse,   39

Ninguém ouviria?   40

Se batesse,   41

A porta abriria?   42

Seu desejo,   43

Deus atenderia?   44

Abençou, 45

Agradeço esse dia! 46

Um escrito, 47

Verdade algum conflito? 48

Jogo o ego no abismo. 49

Acordado, 50

Sonhos conquisto. 51

Dormindo, 52

Avistei o destino. 53

Sinfonias, 54

Mostram o caminho? 55

Seus cantos e hinos. 56

Velocidade, por onde andar? 57

Distância, 58

Serve pra ensinar. 59

Volta ao mundo, 60

Início é fim, 61

No mesmo lugar. 62

No fim, 63

Avistou o começo. 64

Partida, 65

Ponto de chegada. 66

Não tem preço, 67

Sua jornada. 68

Do seu lado 69

Quem acreditava? 70

Quem duvida, 71

Não move uma palha. 72

Escolha na sorte, 73

Garanta a falha. 74

Que vencer? 75

Se prepara. 76

Relógio da vida não para! 77

O placar nunca para. 78

Arvores tem altura? 79

Semente, não tem galha. 80

Tudo no seu tempo, 81

Tenha paciência. 82

Frações da consequência. 83

02

03 Futuro

Olhares atentos no seu caminhar, 01
Não pode deixar falha. 02
Arena formada, 03
Rota traçada. 04
Todo dia uma nova batalha, 05
Não joga a toalha. 06
Não vai ser fácil 07
Chegar aqui! 08
Futuro, bons frutos. 09
Nada a provar se você desistir. 10

Fiz a colheita, 11
Esse tempo ainda não chegou. 12
Estou no futuro distante, 13
Tempo parceiro do gladiador. 14

Então vai com calma, 15
Foca, se prepara. 16
Admira o frio, 17
Tempo 18
Muda do nada. 19

Esquece a palavra fraqueja,   20
Nunca inventa motivo pra parar.   21
Quando aprende a perder,   22
Vai estar pronto pra ganhar.   23

Olho pra você,   24
Sinto vontade de rir.   25
Só consigo rir!   26
Não tenho vergonha!   27
Escuta essa aí.   28

Sou bem mais forte! Olhando daqui.   29

Pensa no começo,   30
Consegui lembrar o quanto andou?   31
Queda do tropeço,   32
Qual ferida não cicatrizou?   33

Acredita no amor?   34
Rancor amigo da dor.   35
Mais fácil esquecer,   36
O mal que alguém te causou?   37

Você sabe voar 38
Não precisa chorar. 39
Já viu o mar 40
Vai gostar de surfar. 41
Se estiver caído, 42
Levanta pra lutar. 43

O poder, 44
Se aprimora na fraqueza. 45
Orgulho destrói, 46
Razão da contenda. 47

Ideia pureza. 48
O que está sobre 49
A mesa? 50

Já sabe o que quer? 51
Gênio tirou a meia, não é? 52
Einstein tinha chulé? 53

04 Detalhes

Frente pra mim mesmo, 01

Admirou o momento. 02

Ofereço conselho! 03

Esquece ilusão, 04

Valoriza o perdão, 05

Não coloque amor no dinheiro. 06

Nem tudo é sermão, 07

Decora a canção. 08

Na oração, 09

Mantenha de joelhos. 10

Acredita no ser, 11

Vozes tentando enganar você. 12

Abre o livro 13

Termina de ler. 14

Tempo passa, 15

Nem vai perceber. 16

Erra pelo que acredita. 17

Não alimenta a maldade. 18

Nem todo te amo 19

Vai ser de verdade. 20

OBSERVA, 21
SEMPRE APRENDENDO. 22
INIMIGO É COVARDE! 23
MUNDO VAIDADE. 24

DETALHE, 25
ANO OU IDADE? 26
NÃO PERCA SUA IDENTIDADE. 27
NUNCA DESPREZE, 28
OS SINAIS DE VERDADE. 29

FICAR PARADO, 30
NÃO VAI MUDAR VOCÊ. 31
VÁRIOS, 32
VÃO TENTAR TE DESMERECER. 33
VENTO EXISTE! 34
NINGUÉM VER PRA CRÊ. 35
NÃO VALE A PENA SOFRER. 36
FRACASSOS, 37
NUNCA SÃO FINAIS. 38
OLHAR DE DESPREZO, 39
ESSES SÃO LETAIS. 40

QUEM MUITO FALA, 41
NEM SEMPRE FAZ. 42
VIDA RÁPIDA, 43
CURTA, DEMAIS. 44

VENDEM O JUSTO POR PRATA. 45
COLOCANDO NA MÃO, 46
MINHA PRÓPRIA ALMA. 47

DA ESCURIDÃO TRÁS A LUZ? 48
SOMBRA TENEBROSA? 49
RIMA, 50
VERSO E PROSA. 51

BEBEM VINHO DOS MULTADOS, 52
NO FUTURO TE VEJO MUDADO. 53
VAI ENTENDER O QUE FALO? 54
VENCE A SUBIDA NO EMBALO. 55

05 Números

Peso na balança, 01

Análise, 02

Contas, 03

Distância e cobrança. 04

Pureza de criança. 05

Sabedoria de seres sagrados. 06

Contas e cheques, 07

Número selecionado. 08

Seu diário 09

Volta no passado? 10

Sofrimento é chocolate, 11

Meio amargo? 12

União também chama aliança? 13

Respeito, confiança, 14

Nossas cobranças. 15

Segundos contados, 16

O que vem após? 17

Números anotados. 18

Ego, 19

O ser feroz. 20

Sorrisos raros, 21
Muros de cimento, 22
Muitos argumentos. 23
Juras, 24
Juramento. 25

Ideias, 26
Tem luz na sua mente? 27
O acaso entende? 28
Espera o fim da guerra, 29
Ou se rende? 30
Diferença, 31
Algo diferente? 32

Entrada, outro mundo, 33
Tem o convite? 34
Irrita ou se irrite? 35

No olho colírio. 36
Pele escura, outro réu. 37
Motivo, escolha, 38
São palavras ao Leo? 39

06 Amanhã

Foco no trabalho, 01

Obras aperfeiçoadas. 02

Última linha? 03

Realidade 04

Muda a rotina. 05

Tragédia ensina! 06

Consegui ver além da neblina? 07

Muito trabalho, 08

Joga as letras na linha. 09

Rotas, 10

Velocidade. 11

O segredo, 12

Mostra a verdade? 13

Aonde ciúmes 14

Constroe a maldade. 15

Histórias de criança, 16

Importância terá pra você? 17

Sinceridade, 18

Consegue perceber? 19

Na hora certa, 20
Somos a pessoa certa. 21
Pequenas letras 22
Novas descobertas. 23

Sabe o valor, 24
O preço do amanhã? 25
Vale o amor? 26
Sua vida comprou? 27
Não vale nada a recaída. 28
Na instrução, 29
Sua melhor saída! 30

Conhecimento 31
Sobreposto ao medo. 32
Sistemas corporais. 33
Harmonia sinaliza paz? 34

07 Luto

Fácil falar,　01
Consegui evitar?　02
Frases editadas,　03
Dias de batalha!　04
Barulho do mar.　05

Noites, fé e trabalho,　06
Tudo exige preparo.　07
Fases sem ensaios.　08

Sonhos declaro,　09
Amor falso sonegou.　10
Encontrei um abismo,　11
Joguei fora o ego.　12

Madeira torta,　13
Parafuso ou prego?　14
Pessoas são objeto?　15

Letra objetiva, 16
Espero que mude sua vida. 17
Luto, conquisto, 18
Sobreviver é instinto. 19
Tempo, 20
Ninguém volta o disco. 21

Mesma vontade, início! 22
Esse momento não foi esquecido. 23
Acreditar nas letras que digo, 24
Nesse universo infinito? 25

Deus cria momentos! 26
É perfeito assim. 27
Sabemos, 28
Que tudo tem fim. 29

08 Prioridade

Deixa eles espalha a conversa,   01

Pensando no que interessa.   02

Foco, disciplina.   03

Hora certa?   04

Prioridade a missão!   05

Bondade,   06

Maldade,   07

Muitas vezes   08

Vai notar a intenção.   09

Influência do rancor.   10

Não nega sua terra,   11

Nem sua cor.   12

O mar rachou,   13

Menino sextou.   14

Mandamentos revelou.   15

Olho minha imagem,   16

Sei quem sou.   17

Olho por céu,   18

Deus me abençoou.   19

LIVROS — 20
ENCIMA DA CAMA. — 21
AGRADEÇO O NOVO DIA! — 22
CRIANÇA NÃO VIVEU DE FAMA, — 23
FAÇA TUDO COM ALEGRIA. — 24

LENHAS, FOGUEIRA, CHAMA. — 25
FÉ, VENCE O MAL? — 26
CORAÇÃO DE CRISTAL. — 27
DESENLEAR, — 28
PODE DIZER TCHAU? — 29

PASSADO, — 30
PRESENTE, — 31
FUTURO, — 32
MISTURO NA LETRA. — 33
NÃO SE APAIXONE — 34
NA INCERTEZA. — 35

ÓDIO CEGA! — 36
JÁ FOI FALADO? — 37
AMOR LIBERTA, — 38
TE MOSTRA O OUTRO LADO? — 39

09 Chefão

Tudo passa, 01

Ninguém muda o tempo. 02

Ego, 03

Ilusão, 04

Vida em andamento. 05

Períodos, 06

Nortes, 07

Lugares. 08

Descobriu 09

Quem ama? 10

Quem trama, 11

Não vem com sinalização. 12

Quanto vale sua opinião? 13

Querem te derrubar! 14

Vão na sorte. 15

Cada qual seu destino, 16

E o seu molde. 17

Impressão, 18

Sensação? 19

Resultado fica mais forte! 20

RELEVA EMOÇÃO? 21

INIMIGO TE OBSERVA COM ATENÇÃO! 22

VENCE A BATALHA, 23

PRIMEIRO OU DERRADEIRO? 24

PEDIU CONSELHOS, 25

OLHANDO NO ESPELHO? 26

ONDE COMEÇA A UNIÃO? 27

MOMENTOS DE CONCLUSÃO, 28

PACIÊNCIA, ATENÇÃO. 29

SERÁ LEMBRADO? 30

PASSANDO, PASSANDO, 31

NAQUELA IMAGEM ARMADO. 32

FACULDADE RUA, 33

BEM GRADUADO. 34

SEU RELÓGIO, 35

CORRE POR PASSADO? 36

ROLETA AO CONTRÁRIO, 37

QUAL O CENÁRIO? 38

Nessas mudanças, 39
Quem se atrapalha, 40
O mesmo que atrapalha! 41
Não consegue vê, 42
Com a lupa embasada. 43

Linha sem régua, 44
Letra na parede, 45
Aonde ela te leva? 46
Final da conversa. 47

Queria saber 48
Quantos anos 49
Tinha a coragem? 50
Ninguém respondeu, 51
Se perderam na vaidade! 52
Editor de frases. 53
Chegou no chefão, 54
Muda essa fase. 55

10 Dimensões

Perdas, ganhos, 01
Qual será a notícia? 02
Quem cria uma mente idealista? 03
Que tenha calma. 04
Não se abala diante a batalha, 05
Admira o verde da fauna, 06
Pureza na alma. 07

Fé que move montanhas, 08
Força pra construir muralhas. 09
Projeto em folhas recortadas. 10

Informações ancestral, 11
Receita elementos do equilíbrio. 12
Cura do mal? 13
Dragões são fogos de artifício. 14
Dimensões, 15
Valorizo tudo que conquisto. 16
Alimento essa mente fértil, 17
Admito! 18
No livro sagrado confio. 19

Portador do mapa, 20

Admira a viagem? 21

Faculdade, 22

Vida, 23

Foco na contagem. 24

Tolos navega na ilusão! 25

Cobiça, 26

Ganância, 27

Confusão. 28

Esconde a mão da construção, 29

Contestável boa intenção. 30

Em meio ao caos, 31

Lembrou do sermão? 32

Ignora instrução? 33

Provérbios confronta sua razão? 34

Chave, caminho da evolução. 35

Nunca jure pelo chão, 36

Não importa o chão, 37

Fonte da criação. 38

Fabrica campeão! 39

Caminho do rei, 40
Vencer vaidade! 41
Não é de ouro, 42
Aonde começa sua vantagem. 43
Sua rainha, 44
Que seja pra eternidade. 45
Amiga, conselheira, 46
Mais nobre guerreira, 47
Inigualável beleza. 48
Para, repara, 49
O rei leva ela pra casa. 50
Até seu silêncio é aula. 51
Olha seu sorriso, 52
Coração dispara. 53

11 Fé

Qual é o peso da confiança? 01
Sem fronteira, 02
Nem distância. 03
Alimenta a esperança. 04
Saudade já foi cobrança, 05
Se tem fé sempre alcança. 06
Respeite sua aliança. 07

Palavras repetidas, 08
Será assim? 09
Saberemos o começo, 10
Fé até depois do fim! 11
Infinito vai lembra de mim? 12

Pensar assim? 13
História pra contar, 14
Brilho no olhar? 15
Quem tem um sonho não dança, 16
Ondas te faz balança? 17
Esperando essa terra girar, 18
Tempo de realizar. 19
Outros de comemorar. 20
Curar os pesadelos, 21
Sonhar. 22

Amor cria as lendas, 23

Professor, conselheiro? 24

Não carrega algemas, 25

Te prende o corpo inteiro? 26

Prisões de lealdade, 27

Fiança a verdade. 28

Essa chave, liberta da vaidade. 29

Ilumina o caminho, 30

Mesmo estando sozinho. 31

Bússola, GPS, 32

Quem mostra o destino? 33

Controla os devaneios. 34

Homem, 35

Já foi menino. 36

Mensageiro 37

Dos sonhos mais lindos. 38

Compositor de destinos. 39

Desvenda pergaminhos? 40

Barulho dos sinos, 41

Resgata os caídos. 42

Encontrará os perdidos. 43

12 Artigo

Achado ou perdido? 01

Coração ferido encontrando abrigo. 02

Leu o artigo, 03

Não ganhou artigo. 04

Ficou no passado é antigo. 05

Se traz tristeza, 06

Seja esquecido. 07

Não importa o acontecido, 08

Nem quem foi envolvido. 09

Eternidade o amor de quem ama. 10

Alguns se perde, outros se engana! 11

Vale escutar quem te ama? 12

No game quem perde? 13

Quem ganha? 14

Achou a teia, 15

Nela tinha aranha? 16

Inicio do kilo o grama, 17

Relva também chama grama 18

Prefire a grana? 19

Nem tudo é simples assim. 20

Inicio, 21

Meio, encontra o fim. 22

Não se vá, 23

Despedidas são sempre ruins. 24

Pedra jogada ao acaso, 25

Sino no posto avançado. 26

Valendo ouro, 27

Destaca o sorriso. 28

Sabe quem são seus amigos? 29

Inimigos? 30

O tempo conhece o tempo. 31

A raiva 32

Assalta o argumento. 33

Política no parlamento. 34

Vale quantas vidas, 35

O juramento? 36

13 Confusão

Confusão ilude, 01
Quem não está 02
Sabendo o que quer! 03
Sempre foi assim, 04
Assim que é. 05
Curiosidade, 06
Dom destacado 07
Em mulher? 08
Mantenho a fé! 09

Espera em Deus. 10
Paciência 11
Nas suas promessas. 12
Mundo em sete dias, 13
O pai não teve pressa. 14

Nego dividido 15
Não se cria! 16
Ideia furada, 17
Nem vai na linha. 18
Tempo é rei! 19
A vida ensina. 20

Elo mais fraco, 21

Forte consumidor. 22

Em prol de anjos 23

A Terra criou? 24

Evolução, 25

Humanidade 26

A sobrevivência. 27

Vida eterna, 28

Boa recompensa. 29

Feito o plantio, 30

Merecida colheita. 31

O erro treina o injusto. 32

Palavras podem ferir? 33

Seus lábios 34

Responde contra ti. 35

Pássaro leva informação. 36

Palavras na Bíblia, 37

Sem discussão. 38

14 Vento

Nem tudo podemos dizer!   01
Talvez não seja o momento.   02
Dia frio, céu tão claro!   03
Na janela sopra o vento.   04

Guerra não é jogo!   05
Morte certeza.   06
Bom momento   07
Desfaz a surpresa.   08

Rumorejam   09
Tempo vira.   10
Sol se esconde,   11
Frio aumenta.   12
Dia não para!   13
Na escola da vida   14
Todo dia tem aula.   15

Parede, letras,   16
Se entende respeita.   17
De gota em gota   18
Forma o mar!   19
Amazonas de surpresa.   20

ENCHEU O BALDE — 21

NÃO CHUTA, — 22

CAMINHOU ATÉ AQUI. — 23

PALAVRAS DITAS COM RAIVA — 24

PODEM FERIR? — 25

ROUPAS PENDURADAS. — 26

DESCULPA — 27

MAL CONTADA. — 28

SE PENSO EM VOCÊ? — 29

PRA NÃO DIZER NÃO, — 30

MELHOR NÃO FALAR NADA. — 31

OLHAR REVELA, — 32

PALAVRA SINCERA. — 33

PÁSSAROS LEVAM NOTÍCIA, — 34

CANTAM DENTRO DE CELAS! — 35

15 Momentos

Caminhos encontraremos, 01

Ilusões todas venceremos. 02

Páginas conhecimento! 03

Fizemos, 04

Fazemos, 05

Sabemos, 06

Nem tudo dizemos. 07

Não somos nada do que temos! 08

Relógio não para! 09

Fotos recortadas. 10

Devaneios, 11

Quem acreditava? 12

Noites escuras, 13

Bilho na alma. 14

Frente, na batalha. 15

Não pode deixar falha! 16

Animais de destaque na fauna. 17

Mundo fica lento. 18

O frio, anda com vento? 19

Ilusão inimiga do tempo, 20

Mora no vale do esquecimento. 21

Caçador de rima, 22

Perseguindo linha. 23

Sombra, 24

Desenho, 25

Cortina. 26

Vai ser sempre assim? 27

Maldade se afaste de mim. 28

No porte da caneta, 29

Aquele magrim. 30

Início, 31

Meio, 32

Fim. 33

Carrega carga de bondade? 34

Ignora o ego? 35

Destrói a vaidade? 36

Belezas de verdade 37

Vencem a maldade? 38

Dominou tanta gente, 39

Se olhar pra trás 40

Perder tudo na frente. 41

16 Pagamento

Cada escolha 01
Pensando lá na frente. 02
Imagino o mundo diferente. 03
A bondade está na escuridão? 04
Entre a luz e a razão, 05
Tem o mar de opinião. 06
Tristeza 07
Não é opção, 08
Acredite irmão. 09

Escolhas, 10
Novo argumento. 11
Dia de cobrança 12
Ou de pagamento? 13
Conversas resolvidas. 14
Comércio, 15
Nações amigas. 16

Sim 17
Senhor. 18
Maquinas, 19
Fabricação russa? 20
Invasores, 21
Pastores, 22
Dias de luta? 23

Mudança, causa, 24
Feixe direcional. 25
A rádio toca rap? 26
Fala por senhor que está normal. 27

O amanhã vai te deixar feliz? 28
Conseguiu 29
Tudo que quis? 30
Boa conclusão. 31
O início 32
Mostra a direção? 33
Priorize sua missão. 34

Pode ser raro, 35
Acredita custa caro. 36
Aonde paro, 37
Se me preparo? 38

Se o valor está no detalhe, 39
Quem para pra ver? 40
O melhor 41
Ainda quer conhecer? 42

17 Papéis

Dono da pista! 01

Alto Km, 02

Nem escuto o corte. 03

O tempo 04

Te deixará mais forte? 05

Sorte no jogo, 06

Amor verdadeiro, 07

Mera ironia, 08

Acreditaria? 09

Código traduz o código, 10

O texto, o próprio texto, 11

O poema fala dele mesmo. 12

O dilema, 13

A página, 14

O mundo é desse jeito. 15

Noite virada? 16

Sentimento, 17

Razão, 18

Quem ganhou? 19

O que faz 20

Um gladiador? 21

Louva-a-deus 22

Esperança, 23

Tempo ruim vai passar? 24

Se a vida é um sonho, 25

Hora de acorda. 26

Linhas do tempo, 27

Destino pode explicar? 28

Muitas palavras 29

Tem no seu olhar. 30

Nessas palavras, 31

Coragem 32

Anda na madrugada. 33

Papéis na parede, 34

Letras separadas. 35

Talvez entenda. 36

Componho outro poema! 37

Não chegou a parte fácil! 38

Leitura vale a pena? 39

18 Ponto

Disfarça o sorriso?   01
Demonstra sentimento?   02
Confiança não compra,   03
Nem entendimento.   04
Segredos,   05
Vidro e cacos.   06
Futuro   07
Precisa do passado   08

Qual lembrança   09
Te traz segurança?   10
Tinha mais bondade na infância?   11
Encontra maldade em criança,   12
Que nunca conheceu ganância?   13

Esperança não pode perder!   14
O que passou,   15
Tenta esquecer.   16
Saber viver.   17
Não entender,   18
Não querer entender.   19

Tudo terá o seu lado, 20
Nem todos estão do seu lado. 21
Resposta foi perguntado? 22
Desvia do truque do diabo? 23
Tarefa fácil? 24
Nem tudo é escrever. 25
Dizer 26
Sem porque. 27

Referência, 28
Diferença, 29
Procurado, 30
Achado, 31
Recompensa. 32

Ponto de vista jogado na pista. 33
Dropar o half, 34
Nem todos se arrisca. 35
Confiança ou coragem? 36
Outro ponto de vista. 37

Escolha o seu. 38

Lembra do achado? 39

Aquele que perdeu, 40

Resultado encontrado? 41

Soma perfeita? 42

Pra vida tem a receita? 43

Cada pergunta 44

Escrevendo uma letra. 45

Poucas respostas te trazem certeza! 46

19 MAPA

ESTÃO DO SEU LADO,	01
QUANTO TEMPO LEVA PRA SABER?	02
QUEM FUI OU QUEM SOU?	03
EM VÃO	04
NÃO ME CHAMA DE AMOR.	05
TEMPO MUDOU,	06
O QUE FOI PROMETIDO?	07
DETALHE, SEGREDO,	08
NUNCA ESCONDIDO.	09
ESTRADA DE OURO	10
SÓ NO CÉU,	11
NINGUÉM TE ATACA.	12
DIZEM QUE A CONFIANÇA,	13
PODE SER INGRATA.	14
JOGO SEM FALTA.	15
CÃO DE GUERRA,	16
FOI UM VIRA-LATA.	17
RUBI, ESMERALDA,	18
QUAL BRILHO DESTACA?	19
BRINDANDO AS CONQUISTAS.	20
TUDO PASSA!	21

No sangue coragem,   22
Mapa o caminho.   23
Quem está do lado,   24
Está sorrindo?   25

Na hora certa,   26
Encontre seu destino.   27
Sonhos   28
Conduzindo.   29

Não tem final,   30
Sem começo.   31
Nem começo,   32
Sem fim.   33
Nem toda luz trás bondade!   34
Vai ser sempre assim.   35
Vozes querendo seu mal,   36
Tem olho mas não que ver.   37
Certas palavras escuta pra que?   38
Só maldade eles vão te dizer.   39

20 Silêncio

O que é solidão?   01

Papéis mudanças no cenário,   02

No escuro pensamento   03

Claro.   04

Fazendo o necessário?   05

Ladeira,   06

Skate, embalo,   07

Dia de trabalho.   08

Entro e não saio.   09

Na parede enfeite,   10

Já olhei quantas vezes?   11

Esqueci do lembrete.   12

Letras na parede,   13

Levanto com sede!   14

Momento pra dizer.   15

Olho por céu,   16

Foco entender.   17

Quantas vozes na TV,   18

Fala consegue entender?   19

É só ver para crê?   20

Você conhece você?   21

Sabe o que fazer?   22

ALMA PORTA DA LEMBRANÇA, 23

OLHO JANELA DA GANÂNCIA. 24

NO PEITO CARREGA ESPERANÇA? 25

INOCÊNCIA DE CRIANÇA? 26

PERDIDA NO CAMINHO? 27

CHEIRO DA FLOR, 28

NÃO ESTÁ NO ESPINHO? 29

TODA NAÇÃO TEM SEU HINO! 30

DISCUTINDO OU SORRINDO? 31

SUBINDO OU CAINDO? 32

INIMIGO? 33

AMIGO? 34

ACHADO OU PERDIDO? 35

QUEM FOI ESQUECIDO? 36

SERÁ LEMBRADO? 37

TODA MOEDA, 38

DOIS LADOS. 39

QUANTO MAL PODE SER EVITADO? 40

NÚMERO DISCADO, 41

SILÊNCIO DO OUTRO LADO. 42

MUITO PRA DIZER. 43

QUEM CALOU FOI VOCÊ, 44

AINDA PERGUNTA 45

PORQUÊ? 46

21 Maratona

Seu dia mais feliz   01

Completa o meu.   02

Cada despertar   03

Belo presente de Deus.   04

Comunicando em sonhos,   05

Histórias e planos.   06

Nosso cotidiano.   07

Obras do ser supremo!   08

Números,   09

Milênio.   10

Contar com a sorte,   11

Risco de perder no engano.   12

Fogos passagens de ano.   13

Só ouve o coração,   14

Quem contempla o silêncio.   15

Respeito na balança,   16

Fim.   17

Amanha, novo começo.   18

Cada crença,   19
A razão para acreditar.   20
Quem tem o mérito,   21
Dessa questão julgar?   22

Quanto vale a verdade?   23
Compra suas amizades?   24
Vou pergunta de novo,   25
Coragem qual é sua idade?   26

Falo tão alto,   27
Na voz não sai nada.   28
Pouco a pouco,   29
Avista a chegada.   30
Maratona da vida   31
Tem que ser conquistada.   32

22 Inverso

Universo infinito. 01

Céu 02

Sem estrela? 03

Trevas, inverso da luz! 04

Tempestades de poeira. 05

Paz entre os homens, 06

Intera o verso. 07

Ser perverso, 08

Pecados 09

Dispersos. 10

Sabedoria, 11

Entendimento, 12

O que mais peço. 13

Não acredita? 14

Venha ver de perto. 15

Voou no avião, 16

Não é ir para o céu. 17

Tende bom ânimo, 18

Não é a imagem do cruel. 19

23 Copo

Leigos de pouca fé.

Corpo cheio,

Alma vazia.

Copo derrama,

No ego se engana.

Não agradece

O novo dia.

Perdidos na trilha,

Pegou o caminho da hipocrisia.

Edifícios da sua dinastia.

No jejum de quem salva ladrão,

Satanás sorria.

Na blasfêmia insistia!

Com fé a missão prosseguia.

Acredita no demônio,

Sabe sua intenção?

Mar vai nascer no sertão?

Vai me chamar de Zeus,

Se eu guiar um trovão?

Jeremias lamentação, 20

Sacrifício se tiver visão. 21

Objeto da sua canção. 22

Cegueira, inimigo traz no coração. 23

Salva o alimento na rebelião. 24

Despreza a má intenção. 25

Desfrute da sua plantação. 26

Semente da horta, 27

Boa nutrição. 28

Moderação, 29

Descanso, 30

Tudo no seu tempo. 31

Tenha atenção, 32

Busque entendimento. 33

Escolheu seu caminho, 34

Admira o destino. 35

Calma do silêncio, 36

Faz sempre sorrindo. 37

24 Controle

Tirando a paz do demônio. 01
Herdeiro da vila o Nhonhô, 02
Chaves no baril, 03
Onde se esconde sonhos? 04
Gaveta seus trilhos. 05
Mães e seus filhos. 06
Choro não foi 07
De quem puxou o gatilho. 08

No coração 09
Guarda alguma coisa? 10
Sabe fazer suas escolhas? 11
Gosta de coisas, ama as pessoas? 12

Troca o canal na TV 13
Ou encontra o controle perdido? 14
Lembra dos velhos amigos? 15
Vive o passado esquecido? 16
Lembrar do passado 17
Não muda o futuro! 18
Mas quem entende a gente? 19
Inocente ao ponto de cair, 20
No conto da serpente. 21
Fácil engana! 22
Uns que amor, outros quer fama... 23

24 Controle

Tirando a paz do demônio.   01
Herdeiro da vila o Nhonhô,   02
Chaves no baril,   03
Onde se esconde sonhos?   04
Gaveta seus trilhos.   05
Mães e seus filhos.   06
Choro não foi   07
De quem puxou o gatilho.   08

No coração   09
Guarda alguma coisa?   10
Sabe fazer suas escolhas?   11
Gosta de coisas, ama as pessoas?   12

Troca o canal na TV   13
Ou encontra o controle perdido?   14
Lembra dos velhos amigos?   15
Vive o passado esquecido?   16
Lembrar do passado   17
Não muda o futuro!   18
Mas quem entende a gente?   19
Inocente ao ponto de cair,   20
No conto da serpente.   21
Fácil engana!   22
Uns que amor, outros quer fama...   23

25 Eficaz

Nesse mundo   01
O que vale mais?   02
Quem viu a guerra,   03
Entende a paz?   04
Eficaz.   05
Menos é mais?   06
Não choro mais!   07
Tristeza ficou para trás.   08

Dias iguais?   09
Tanto fez,   10
Quantos faz?   11
Pedem sinais,   12
Conhecimento desfaz.   13
Muda as ideias,   14
Mantém os ideais.   15
Se capacita   16
Ou se julga incapaz?   17

Vida,   18
Realidade.   19
Desse mundo   20
Vai partir!   21
Não vai levar bagagem.   22

TUDO DE MAL,   23
TUDO DE BOM,   24
VAI FICAR AQUI.   25
QUANTOS MOTIVOS TEVE PRA SORRIR?   26

VAI COM FÉ,   27
NÃO DESISTE.   28
SÃO SETE CORES   29
OU ANJOS DO APOCALIPSE?   30

PRESO MIL ANOS,   31
DRAGÃO ESCREVENDO PLANOS!   32
SENTADO NO TRONO   33
JULGANDO OS ENGANOS.   34

MAR QUEIMANDO,   35
TIATIRA,   36
FILHO COM OS OLHOS VERMELHOS.   37
ENTRE AS PALAVRAS FALSAS,   38
QUANTO VALE O CONSELHO?   39

26 Mergulho

Ilustração, processo,   01
No mundo mágico.   02
Livro clichê,   03
Não seja insensato.   04
Jovem notável,   05
Fé inabalável.   06

Se existe a possibilidade,   07
Existe alguém que faz.   08
Se alguém faz,   09
Você também é capaz.   10

Mergulho,   11
Conta exata,   12
Feixe de luz,   13
Informação na página,   14
Roteiro do tempo que passa.   15
Um homem,   16
Um sorriso.   17
Não ajuda em nada ser negativo!   18

27 Falhas

<pre>
Se apaixone,   01
Ama,   02
Tenta,   03
Não se arrependa.   04
Quantas estrelas no céu   05
Soma o penta?   06
Na câmera lenta   07
A vida passa!   08
Voou dos pombos na praça.   09
Nem pagando,   10
O tempo para.   11

Quando viu já passou   12
Diante seu olhar!   13
Sem replay,   14
Nem vai ter chance de voltar.   15
Todo sonho estava dormindo?   16
Quantas vezes acordou sorrindo?   17
Qual se realizou?   18
Caminho,   19
Destino,   20
Outras direções.   21
O que achou não era,   22
Falhas conclusões...   24
</pre>

28 Seu jeito

Escolhas, 01
Começos, 02
Tristeza, 03
Cortejo, 04
Corte da faca, 05
Fio do desejo. 06
Faça do seu jeito! 07

O rosto mais belo vai ver no espelho! 08
Espero que ache o seu. 09
Prejuízo, quem perdeu? 10
Chegou a noite, 11
Guerra. 12
O sono venceu? 13

Se sente amado 14
Ou anda armado? 15
Na oração ajoelhado? 16
Anjos e demônios, 17
Cada qual no seu lado. 18
Agora escolha quem ouvir. 19
Na maldade sorrir? 20
Cobrança de Deus, 21
Demora vir? 22

29 Sinais

Homen não chora,   01
Quem chora e Deus.   02
O que falou,   03
Ainda escreveu.   04

Foi um relato,   05
Uma história?   06
Se for sagrado   07
Falo o que agora?   08

Alfabeto,   09
Antiguidade,   10
Competência.   11
Primeira escrita,   12
Sinais,   13
O que representa?   14

30 Visões

Talvez perda a memória,   01
O tema mude a história.   02
Onde está agora?   03
Olhos fechados   04
Previsões do futuro,   05
Que ainda não pôde ver.   06
Algumas visões,   07
Nem todas consegui entender.   08

Se tudo é um jogo,   09
Treina para ganhar?   10
Sua vitória   11
Faz o inimigo se calar?   12

Dia de pressão,   13
Controle a situação.   14
Cada um tem sua missão.   15
Batida, a voz que sai do coração.   16
Atua, à toa ou atuação?   17
Poema tem refrão?   18
Quem cria a condição?   19
A luta começa na preparação.   20

31 Pacífico

Projeto o infinito.   01
Milhas e milhas,   02
Pacífico.   03
Encontre o tesouro perdido!   04
Harmonias, está envolvido?   05
Lembrado ou esquecido?   06

Desvie das encruzilhadas.   07
Posto de comércio   08
Abrindo estrada.   09
Ouro ou prata?   10
Mercúrio,   11
Fração exata.   12

Acentuação!   13
Abraça a verdade,   14
Escolhe a ilusão?   15
A pergunta tem resposta?   16
Sinais,   17
Aposta,   18
Proposta.   19
Alfabeto,   20
Número 10 é o)?   21

32 Livro

Loucos podem sorrir,   01
Homem também chora?   02
Na paz do silêncio   03
Bom livro de história.   04
Momentos e datas   05
Ninguém sabe a hora.   06
Início dos jogos.   07
Glórias, vitórias.   08
O mundo assistindo do lado de fora.   09
Viagem no mesmo lugar.   10
Sonhos acordado,   11
Quem pode explicar?   12

Na página   13
Vejo as letras dançar.   14
Palavras,   15
Canções,   16
Tentam te dominar.   17
Ilude, diverte.   18
Mas cumpre tudo que promete.   19
Informação tem poder,   20
Mais velha que videocassete.   21

Escravos do ponto vista. 22

Opinião não numera conquista! 23

Antes de julgar, limpa seu parabrisa! 24

Ou perde o traçado da pista. 25

Quem toca essa nave? 26

Vai gostar da viagem? 27

Em pé na maior faculdade! 28

Te bate, 29

Te guia, 30

Te ensina, 31

Mais um ano de vida. 32

Apenas uma saída! 33

Choros sua sinfonia. 34

Te leva para outro lugar, 35

Essa hora Deus que vai dita. 36

De valor nos momentos, 37

Do lado de cá. 38

33 ESCOLHA

Cada escolha 01
Um caminho não tem jeito. 02
Lado esquerdo, 03
Inverso do direito. 04
Mestre do seu destino. 05
Se tem barulho de tiro 06
Alguém puxou o gatilho. 07
Luz também chamada de brilho. 08
Esqueceu do óculos, 09
Lembrou do colírio. 10
Distância da união 11
Está no exílio. 12

Um conhecido 13
Pode não te conhecer. 14
O que você falou 15
As vezes nem quis dizer. 16
Se toda escolha tem que escolher, 17
Julgamento existe porque? 18

Copo quebra no chão, 19
Vou colocar na linha. 20
Cabeça no colchão, 21
Amanhecer de um novo dia, 22
Transpondo a neblina. 23

Se o tempo não para,   24

Qual razão para parar?   25

Cada hora um tempo,   26

Cada destino um lugar.   27

A noite me sinto mal,   28

Acordo,   29

Tudo normal.   30

Não confunda açúcar com sal.   31

Uma piada riu, não entendeu nada!   32

Muita brincadeira   33

Poderia ter sido evitada.   34

Talvez depois da comédia   35

Venha ação.   36

Realidade,   37

Emoção.   38

Antônimo,   39

Sinônimo,   40

Super lotação.   41

Quantos na fila   42

Esperando o novo coração?   43

Diminui a ganância,   44

Aumenta a ambição.   45

Todo trabalho tem retribuição.   46

34 Autor

Um novo dia 01
Tentando entender. 02
Tudo tem hora pra acontecer, ... 03
Tem razão, ... 04
Tem porque? 05

Sorriso contente. 06
Lindo conjunto, ... 07
Nada ilusório. 08
Só alegria 09
Nada de velório. 10
A dor da perda 11
Já não choro. 12

Santa ceia, ... 13
Cristo. 14
Letras, ... 15
Autor. 16
Cicatrizes, ... 17
Herança do gladiador. 18
Teve lutas, ... 19
Venceu a dor. 20
Bons resultados 21
Gerou. 22

35 Conselho

Abandona a ironia. 01

Momentos, 02

Motivos, 03

Criando outra linha. 04

Fidelidade, 05

Além do clarear do dia. 06

Beleza e acreditar! 07

Amor sempre vem pra somar? 08

Sentimento enorme, 09

Cabe em qualquer lugar? 10

Mora dentro do peito. 11

Vê, 12

Só não entende o contexto. 13

Na favela menino 14

Se torna homem mais cedo. 15

Se sofrimento é conselheiro, 16

Dispensa o conselho. 17

Invalida o conselho, 18

Enfrente qualquer pesadelo. 19

ABANDONE SEU MEDO, 20

VALORIZE O AMIGO. 21

O DIA DIFÍCIL 22

TEME SEU SORRISO. 23

VENCE O ABISMO. 24

NÃO ESCOLHA SORTE, 25

DEUS NO CONTROLE 26

TE DEIXA MAIS FORTE! 27

MUITO MAIS FORTE. 28

VERSOS SIMPLES 29

MOTIVOS PARA ESCREVER. 30

EXPRESSÕES DA MANEIRA SINCERA, 31

APRENDER, ENTENDER. 32

ELEVO A CONSCIÊNCIA 33

NO PASSE DAS PÁGINAS. 34

DESENHO, 35

JURAMENTO, 36

POEMA E MÁGICA? 37

36 Continua

Montanhas do saber. 01

Vai viver, 02

Perceber, 03

Entender, 04

Lute por você. 05

Acredite no ser. 06

Testemunho, 07

Histórias de combate. 08

Na hora da salvação, 09

Ninguém 10

Esconde a verdade. 11

Tudo é vaidade. 12

Tempo fecha 13

A vida continua. 14

Ciência foi loucura! 15

Dias brilhantes, 16

Dono da rua. 17

Inspiração de cânticos 18

Nem sei se sou romântico. 19

Nada de engano, 20

Quem te ajuda nos seus planos? 21

Domina o mundo! 22

Futuro o esperado, 23

Passado no passado? 24

PARA ENTENDER TEM INFERIR, 25
OUTROS QUEREM TE FERIR. 26
PALAVRAS VERDADEIRAS 27
TE AJUDA PROSSEGUIR. 28

LETRAS SE TRANSFORMAM. 29
HISTÓRIA DIAS REAIS. 30
SE CHOREI? 31
NEM LEMBRO MAIS! 32
FERIDA CURA 33
SO OLHAR PRA CICATRIZ. 34
FUTURO 35
FELIZ, 36
VENCENDOR LUTOU 37
PELO QUE QUIS. 38

FONTE, 39
DESEJO, 40
MOEDAS, 41
ALMA LAVADA, 42
FÉ RENOVADA. 43
APRENDA NA JORNADA. 44

37 Linha

Destino a gente que faz,   01
Essas coisas são iguais.   02
Papéis o valor do produto,   03
Ligeiro, sagaz.   04
Matemática da vida   05
Problemas reais!   06
Opção, resolver.   07
Na tristeza   08
Sorrindo,   09
Quem vai entender?   10
Quem acorda você?   11
Universo conspira   12
Servindo quem crê.   13

Mudança faz o convite,   14
Sacrifício aumenta o apetite.   15
Arriscaria um palpite?   16
Isqueiro perdido no chão.   17
Fogueira acessa,   18
Não é lampião.   19
Conflitos da situação.   20
Alfabeto completo,   21
Então tenha atenção.   22

38 Trovão

Quando a mente pesar, 01
Nunca questione suas escolhas. 02
Árvore perde suas folhas. 03
Momento se foi 04
Ficou a lembrança. 05
Queremos o que o braço 06
Não alcança. 07

Ainda se faz a cobrança? 08
Daquilo que nem poderia evitar. 09
Poeira 10
Vento vai levar. 11
Não deixe o nada te abalar, 12
Nem o medo te assustar. 13

De dia não descansa. 14
A noite trabalha? 15
Rotina de vampiro, 16
Afiada a espada. 17
Parece caçador? 18
Nunca matou! 19
Pra quem ostentou? 20

Vira lenda? 21
Faz oferenda? 22
Entrou no game, 23
Sustenta. 24
Cautela no ambiente, 25
Segredo na chave? 26
Feitiço, 27
Fechadura, 28
Porta se abre. 29
Sorrindo na cara da loucura. 30
Criação, 31
Aplaudi a criatura? 32
Essa hora, será a sua? 33

Som aumenta invade o coração. 34
Quantas respostas 35
Você tem a mão? 36
Pouca pesquisa, 37
Nenhuma atenção. 38
Tem solução ou reclamação? 39
Rima de Zeus 40
No ouvido trovão. 41
Deus e só um! 42
O resto, 43
Pura criação. 44

39 RIQUEZA

Entretenimento,   01
Regra,   02
Fio da navalha.   03
Distante da palavra falha.   04
Riqueza conhecimento,   05
Fique atento.   06
Informação atual,   07
Conduta estrutural,   08
Chega ser fatal.   09
Um palmo à frente,   10
Não está vendo?   11
Já aconteceu!   12
Está acontecendo!   13
Passado esquecendo.   14
Aprimorando,   15
Aprimoravel,   16
Temperatura   17
Adaptável.   18
Dia quente,   19
Céu nublado.   20
Indulgência,   21
Valores do perdão.   22
Continua à condução.   23
Não despreze seu dom.   24

Qual a razão   25
Do criador?   26
Antiguidade,   27
Homem das cavernas,   28
Números criou?   29

Monte caveira o sangue,   30
Jesus conduz.   31
Morte com capuz.   32
O ego   33
Fácil seduz.   34
A voz de Deus   35
Quem traduz?   36
Seu lampião está sem luz?   37

Pássaro,   38
Festejos,   39
Receita pra vencer o medo.   40
Trabalhos em prol do mal,   41
Só tem defeitos.   42
Seu conselho são vozes no espelho?   43

40 Horas

Acordei a lua ainda brilhava! 01
Luz no vão da telha 02
Me iluminava. 03
Acredito que Deus me olhava. 04

Manha calada, 05
Alguém à toa? 06
Pecado destroe 07
Muitas coisas boas. 08
Momentos, 09
Nossas escolhas. 10

O dia passou, 11
Céu está nublado. 12
Sequência, 13
Horário. 14
A noite chega, 15
Abraços no colchão. 16
Conhecimento, 17
Freios na emoção. 18
Tenha sua causa, 19
Sua razão. 20
Penso na letra, 21
Horas de foco. 22
Inicio, outro episódio. 23

Assim vai ser, 24

Como deve ser, 25

Tempo não te espera! 26

Te faz crescer. 27

Luto pelo que vale a pena. 28

Letra maleável, 29

Soluciona problema? 30

Combinação cria o poema. 31

Ego insignificante, 32

Não esqueça de esquecer. 33

Não é o final, 34

Despedida porque? 35

Sexto é surpresa, 36

Cartas na mesa. 37

Morte é a única certeza? 38

Maldade espalhada no ar. 39

O falso fala de amar! 40

Ódio, não conseguiu disfarça. 41

Nem tudo as palavras 42

Que vão expressar! 43

41 Lama

Peças do quebra cabeça, 01

24 horas para mudar sua vida. 02

Alimentando a fé, 03

Agradeça 04

O novo dia. 05

Vence a guerra 06

Divide o despojo. 07

No 2° tempo, 08

Vira o jogo. 09

Depois faz tudo de novo. 10

Mantenha o foco. 11

Céu azul, 12

Outro episódio. 13

Na chamada, presente. 14

Na torre o relógio. 15

Vai ou volta ao futuro? 16

Nem tudo é tão lógico. 17

Segue a trilha, 18

Assim que é. 19

Até no inferno 20

O demônio vai testar sua fé. 21

Uns paga o preço,   22
Outros quer fama.   23
Quem ama não engana.   24
Para ter os diamantes,   25
Busca   26
Na lama?   27

Sabedoria, conhecimento,   28
Ajudará o argumento.   29
Palavras jogadas ao vento.   30
Tem poder o silêncio?   31

Lute, acredite,   32
Complete a missão.   33
Liberta a voz do seu coração.   34
Não importa a situação,   35
Mantenha a fé em ação.   36
Fruto da luta,   37
Consequência.   38
Pode ser melhor do que pensa.   39

42 Porquê

Tem fé?	01
Conquiste.	02
Por onde começar?	03
Basta olhar.	04
Algo impressionante	05
O bastante	06
Pra fé não abalar.	07
Seguir adiante.	08
Acredita quando acorda,	09
Sempre existe	10
Um bom lugar.	11
O mesmo acontece	12
No fator sonhar.	13
Realidade e sonho,	14
Um véu nada distante!	15
Muita fé no Pai!	16
Tudo de ruim, desfaz.	17
Tristeza fica pra trás.	18
Tanto fez,	19
Tanto faz?	20

Visão, 21

Cria a intenção. 22

Se a vida é luta, 23

Tenha compromisso 24

Com a missão. 25

Vai punir quem sonha? 26

Recalque na lona. 27

Quem não perde, 28

Ganha? 29

Churrasco ou lasanha? 30

Madrugada fria, 31

Mais um dia abençoado. 32

As vezes, nem tudo é fácil. 33

Aquela chance de recomeçar. 34

Ontem já foi, 35

Nada vai mudar. 36

Continuação, 37

Refazendo linhas. 38

Belo sorriso! 39

Porquê choras, 40

Coringa? 41

42

43 Volte

062! A questão.   01

Valor e preço,   02

Volte a letra   03

Entenda o contexto.   04

Capítulo,   05

Fim,   06

Início do tormento.   07

Conhecimento,   08

Vai ter que lutar para obter.   09

Terra de palavras,   10

Reino de poder.   11

Valorizo entender,   12

Vai além do que crê.   13

Vozes de concessão?   14

Mandamentos,   15

Quanto vale pra você?   16

Abaixo da atmosfera,   17

Muitos vão se vender.   18

Depois do fogo cinzas!   19

Vela trás luz para você?   20

Aquarela é arte?   21

Pode me dizer?   22

Move o peão,   23
Inverte o tabuleiro.   24
Venda ou compre o conselho?   25
Som do vento engana   26
Ou e instrução?   27
Quem presta atenção?   28

Suspiro de Deus,   29
Disse assim!   30
Não desiste   31
Nem depois do fim.   32
Ostenta o sorriso no dia ruim.   33
No dia bom?   34
Permanece assim.   35
Palavras na lousa   36
Falam por mim.   37

44 Poder

Encontre seu caminho, 01
Não mude a direção. 02
Não deixe o ódio domina a razão. 03
Má intenção, 04
Confusão, enganos, 05
Jeitos diferentes. 06
Truques, para entra na sua mente. 07

Seja fiel 08
A quem esteve do seu lado. 09
Naqueles dias 10
Que mesmo claro, 11
Pareceu nublado. 12

Não tema, 13
Quem tem a intenção de te matar. 14
Se conseguir, 15
Não tem mais nada pra fazer ou falar. 16
O medo mais feroz, 17
Realmente sincero. 18
É daquele que tem poder 19
De te lançar no inferno. 20

É só por Deus, 21

Ou tempo muda as pessoas? 22

Igual a árvore renovando suas folhas. 23

Tem escolhas então use. 24

Voz ecoa igual 25

As 9mm israelense 26

Com os grito rude. 27

Rosa, nude, 28

Quem ilude? 29

Perde tempo quem discute! 30

Boa vontade, 31

Motivo ou atitude? 32

O justo 33

Mostra coragem? 34

Vários se entrega na maldade, 35

Pensando em ter vantagem! 36

Viajando, perdendo a viagem. 37

Mundo cruel, 38

Lotado de pilantragem. 39

Dessa culpa estou isento. 40

Mente blindada, 41

Tempo ao tempo. 42

Crescimento na jornada. 43

Ser julgado por nada, 44

Minha melhor piada! 45

Te faz cresce, 46

Entender, 47

Aprender a não sofrer. 48

Perceber, depende de você! 49

Deus deu poder ao homem, 50

Poder ler sem ver. 51

A fé move montanhas! 52

Só basta crê. 53

Foi planejado antes de nascer. 54

Nesse tempo irá saber, 55

Quando virar ameaça, 56

Vai perceber. 57

Dono do céu tem o poder. 58

Apenas com a voz, 59

Faz o inimigo tremer. 60

Cabeça erguida 61

Maior recompensa. 62

De joelhos na oração 63

Entrega sua crença. 64

45 Intenção

Jesus pediu água,   01

Recebeu vinagre!   02

Triste saber dessa verdade.   03

Espirro véu partido.   04

Nunca de arma por inimigo.   05

Fábricando linhas,   06

Frases,   07

Tom profético.   08

Sentimento sintético.   09

Intenção,   10

Bem ou mal?   11

Coloca ponto, depois do final?   12

Apara as arestas,   13

De forma modesta.   14

Diabo não presta!   15

Dia de batalha!   16

Nem tudo é festa.   17

Devagar e sempre.   18

Espelho prova   19

Que o tempo muda a gente.   20

Conhece a maldade?   21

Renovou sua imunidade?   22

Desenho, previsões,   23

Crio a realidade.   24

46 Corrida

Qual é o seu plano?   01
Criação,   02
Imagem é ganhos?   03
Na contagem do ano.   04
Várias situações,   05
Números, questões,   06
Resposta, opinião.   07

Corrida, pódio,   08
Vários confusos.   09
Voltando ao assunto.   10
Analiso o desenho   11
Imagino o futuro.   12
Planeja tudo?   13

Sorriso de verdadeiro,   14
Vai te deixa contente?   15
Como explicar,   16
De um jeito diferente?   17
A vida ensina,   18
Realmente!   19
Felicidade   20
Estampada nos dentes.   21
A alegria chora,   22
Tristeza vive contente.   23

47 Inimigo

Fique feliz se o inimigo te odiar!   01

Se te amar tem algo errado,   02

Pode acreditar.   03

Prestou atenção,   04

Parou para escutar?   05

Entre visões e sonhos,   06

O que Deus tem a falar?   07

Bondade está no olhar?   08

Seus cabelos são contados,   09

Valem mais   10

Do que muitos passarinhos.   11

Nem um deles está esquecido!   12

Deus falou pra não vender.   13

Está escrito na palavra!   14

Basta ler?   15

Inveja doença.   16

Nem tudo coincidência.   17

Uns tem perfume,   18

Outros valor é essência.   19

Não tem nada a ver com cheiro!   20

Ignorância,   21

Não enfrentar seu pesadelo.   22

48 Sonhos

Páginas escritas,   01
Folhas caidas.   02
Compositor de sonhos,   03
Ou histórias vividas?   04
No caminho que escolheu!   05
Sabe o seu?   06
Luz da lua   07
Mostra o rosto   08
De quem não se corrompeu.   09

Vento sopra a babilônia   10
Se tem fé vence o mal.   11
Nesse jogo   12
Quem narra o final?   13
Cicatrizes,   14
Instinto leal.   15
Bando, matilha,   16
Condição social?   17
Amor,   18
Verdade,   19
Amizade,   20
Distância, saudade.   21
Poeta,   22
Suas verdades.   23
Escreveu! Teve coragem?   24

49 Uma

Lava a alma,   01

Olhe para frente.   02

Não se perda no passado.   03

Quando vencer a emoção,   04

Tudo se torna   05

Hilário.   06

Demonstre inteligência   07

Cessando opinião.   08

Sabedoria   09

É ouvir a voz do coração.   10

Sabe quem te guia?   11

Luz, trevas,   12

Se auto iluminam?   13

Apenas uma mão   14

Ajuda em segredo.   15

Sem um olho no céu?   16

Ou no inferno   17

De corpo inteiro?   18

Te fez tropeçar   19

Não sinta falta.   20

Sim, sim,   21

Não, não,   22

Idas e voltas.   23

50 Mundo

Mantenha o foco, 01
Enquanto o tempo passa. 02
Pense no que fala. 03
Moedas jogadas, 04
Terras, 05
Castelo, 06
Ouro, prata, 07
Céu, inferno. 08

Dias de rotina. 09
O mundo 10
Atrás da cortina. 11
Sigo adiante! 12
Fone, 13
Auto falante. 14
Falei o mais importante? 15
Misericórdia, 16
Fidelidade, 17
Coisas obrigatórias! 18
Mesmo com pouca idade. 19
Fecharam o reino do céu? 20
Hipócritas se consomem! 21
Soma ou some. 22

51 Casa

Quem planeja frase, 01

Pensa sozinho? Na fé destaca! 02

Paciência, 03

Perseverança, 04

Amor na causa. 05

Dom da percepção. 06

Deus dentro de casa? 07

Se alguém falar! 08

Para se ajoelhar 09

Fazer uma oração, 10

Acreditar. 11

Deus vai mostrar em quem 12

Confiar, 13

Não importa o tempo ou lugar. 14

Não fiz teatro, 15

Fácil notar! 16

Pode anotar, 17

Relatar. 18

Sem as notas, 19

Alguém vai te notar? 20

Pode falar. 21

Consigo te provar? 22

A realidade vai te fazer acordar? 23

52 Religião

Não negue o amor   01
E aceite o orgulho.   02
Passado, passado,   03
O agora muda o futuro.   04

Em cada arte   05
Uma razão.   06
Cada questão,   07
Opção.   08
Escolho Deus!   09
Pode ficar com a religião.   10

Lua e noite,   11
Sol e dia.   12
Talvez já sabia.   13
Confusão,   14
Ironia?   15

Números corretos?   16
Altera a ordem   17
Tenha o resultado.   18
Espelho do mundo   19
Muita coisa ao contrário.   20

Encontrou o amor? 21

Sabe em quem confiar? 22

Senão encontrou, 23

Consegui caminhar? 24

Nas conclusões 25

Olhe para frente. 26

Mantenha a confiança. 27

Mesmo se ouvir 28

Que não tem importância. 29

Não te ver chorar, 30

Deixa vários descontente. 31

Coloque valor! 32

Não preço, no presente. 33

Vai me ver nesse episódio? 34

Faça silêncio, 35

Escuta o coração 36

Ele e melódico. 37

Fala em código! 38

53 Sofrer

Balão no ar,	01
Pressão vai calcular?	02
Nós no singular?	03
Grafite	04
Precisa apontar?	05
Cabeça erguida.	06
Tiro, tira vida?	07
Ideia resumida.	08
Quem disse,	09
Quem diria.	10
Oração,	11
Muita fé.	12
E	13
Ou não	14
E.	15
Quer	16
Ou não	17
Quer?	18
Assim será?	19
Foi?	20
Tem que ser?	21
Tempo não vai parar,	22
Pra te ver sofrer.	23

54 Investir

Investir ou escrever? 01

Fé, 02

Força de vontade 03

Não consigo descrever. 04

Amigo do tempo. 05

Traz idade, 06

Conhecimento. 07

Morte espera seu momento. 08

Nome de Deus, 09

Não use em vão. 10

Lotéria, sorteios, 11

Perdão? 12

Vendeu a alma 13

Esperando ter sorte. 14

Falo da morte, 15

A vida te faz mais forte. 16

Destino te engana? 17

Tristeza em quem perde, 18

Alegria em quem ganha? 19

55 Fora

Outro dia,   01

Céu cinzento.   02

Instrumentos,   03

Som do silêncio.   04

Ressentimento,   05

No porão do esquecimento.   06

Decorrer do tempo,   07

Refez seu pensamento?   08

Cartilha,   09

Números   10

Intensificando o momento.   11

Cantos   12

Dentro de grades é lindo,   13

Pra quem escuta de fora.   14

Poema o canção?   15

Se eu sou Deus?   16

No espelho vejo uma criação.   17

Moral de homem!   18

Na cabeça espinhos!   19

Venceu a morte!   20

Tristeza da traição   21

Enfrentou sozinho!   22

56 PRODUTO

Momento pra neutralizar,   01
Sabendo onde quer chegar!   02
Ficha, boletim,   03
Não são notas.   04
Finanças,   05
Investimento,   06
Não é aposta.   07

Muda o título,   08
Não altera o autor.   09
Cria o produto,   10
Livros consultor.   11

Pessoas humildes,   12
Paisagens singelas,   13
Fé move montanhas.   14
Becos e vielas.   15

57 Antes

Moral da história,   01
Lutas e glórias.   02
Contagem são horas.   03
Poucos aplaudem   04
Sua vitória!   05

Volta ao passado   06
Entende o futuro.   07
Difícil ver?   08
Fácil entender?   09
Vingança, ódio,   10
Faz vários se perder.   11

O que levará um instante?   12
Sua vontade e o bastante!   13
Tem sua foto na estante?   14
Nada será como antes.   15

58 Crítica

Mais forte que o vento, Deus!   01
Ninguém consegue ver.   02
Tememos até sem conhecer.   03
Maior que o mar,   04
Ainda tentam te abalar.   05

Compram razões   06
Pra tenta te parar.   07
Uns tem noção,   08
Outros crítica.   09
Figuras criadas   10
Podem conversar.   11
Nem todos vão te ajudar!   12
Vai encontrar   13
Um bom lugar.   14

Religião, colônia,   15
Bons costumes.   16
Fique do lado do inimigo,   17
Ele te ama   18
É até assume.   19
Ar no pulmão,   20
Algum patrimônio?   21
Antítese, coesão,   22
Pesadelo, sonho.   23

59 Visão

Efeitos, 01
Distrações. 02
Essência, 03
Genérico. 04
Diferença, 05
Pintura, 06
Reflexo. 07
Receita, 08
Sintomas, 09
Cura, 10
Doença. 11

Descoberta, 12
Passagem, 13
Sem indireta. 14
Nota, 15
Multa, 16
Quebrada a ceta. 17
O que te afeta? 18
Tudo na hora certa. 19

DESAFIO A REALIDADE, 20

SENHOR DA SUA LIBERDADE. 21

GANHANDO O MUNDO, 22

NÃO GUIAR É DEIXAR DE SERVIR. 23

AÇÃO, 24

IMPEDIDO DE AGIR! 25

AINDA ESTOU AQUI. 26

LUTERO VAI DIZER, 27

CRISTÃO USA ESPADA PRA QUE? 28

LOUVÁVEL SABER, 29

SABEDORIA É COMPREENDER. 30

VOZES VÃO TE ENVOLVER, 31

MAU É MAU, 32

ATÉ DEUS VAI DIZER! 33

ELE VAI TE PROTEGER. 34

VISÃO CRÍTICA O LIVRO PARA LER. 35

60 Dinheiro

Dinheiro corrompe os irmão,   01
Não foi piada!   02
Longa caminhada,   03
Entende a palavra?   04

Auto-afirmação!   05
Desfaça da ilusão.   06
Se um dia cair,   07
Não se apaixone pelo chão.   08

Movimento, tendência,   09
Compreender.   10
Oscilação,   11
Plano,   12
A, B ou C?   13
Hora de esquecer.   14

61 Atenção

Melhor olhar para frente.   01
Talvez entenda.   02
A fé te orienta.   03
Alguns projetos,   04
Não merece atenção.   05
Suas ideias valeu quanto,   06
Na mão do violão?   07
Traição terá perdão?   08
Quantas moedas,   09
Judas jogou no chão?   10

Na Terra tudo é mérito.   11
Seu poema pode ser bélico,   12
Nem sempre é o que espero.   13
Nem tudo é sofrimento,   14
Vou dizer.   15
As vezes o dia está lindo!   16
Mas você não vê.   17

62 LATIM

Atitude, 01
Atenção, 02
Um basta, 03
Sem atalho. 04
Exercício sem ensaio. 05

O seu cachorro fala? 06
É em latim? 07
Alegria, tristeza? 08
Início precisa do fim? 09
Pra quem ver o futuro, 10
Isso é o presente! 11

Pouco simpático. 12
Engana o ódio, 13
Parece mágico. 14
Contos, 15
Fase, 16
Histórias. 17
Desejam um final trágico? 18

2085

5144

Agora imagine que o fim é a possibilidade de um novo começo. Todas as linhas estão numeradas pelo seguinte motivo, mostrar uma maneira diferente de se comunicar usando os números como ferramenta.

Além da forma mais básica, através das letras do alfabeto:

2085 = The
5144 = End

No texto cada linha tem um conjunto de palavras que podem ser usadas de maneira estratégica. Dessa forma, transmitir informações de um jeito nada tradicional.

Exemplo:

01:15 = Confiança

O dígito 01 se refere ao poema - 01 Deus.

O dígito 15 se refere a linha.

Outro exemplo:

52:15 = Ironia

O leitor pode montar uma sequência de modo que, construa uma frase, crie perguntas ou respostas.

Essa é apenas uma variação das possibilidades existentes.

As músicas tem o mesmo sistema numérico que define sua duração.

Exemplo:

Faroeste caboclo (Legião Urbana)

Seguindo o sistema numérico do texto,
em conjunto com o tempo da musica mencionada.
O leitor encontrará a palavra.

09:04 = Ilusão

Sabendo que nem todas palavras estão sozinhas em
uma única linha,
Terá que trabalha com eliminação.

39:43 = Seu conselho são vozes no espelho?

Tente associar as palavras pelo contexto.

41:31 = Tem poder o silêncio?

Se depois de VOZES,
Tiver uma sequência com SILÊNCIO.
Você encontra o assunto determinado.

18:05 = Segredos

A sequência está pedindo para não falar certo assunto.

39:43 + 41:31 + 18:05 = Cala a boca.

Quanto você entende o contexto estrutural, consegue montar outras formas de criar as sequências. Pode usar apenas o último dígito.
Se estiver utilizando músicas, as imagens da capa podem ajudar na compreensão
da mensagem que você deseja passar.

Muitas vezes as palavras podem não estar concordando em número! Será necessário ajustar singular e plural. Contudo, notará que a maior parte das sequência será interpretada baseada na lógica.

Com tempo de análise perceberá que, está metodologia pode ser utilizada em obras de outros autores que você ler no seu cotidiano.

Algumas pessoas conseguem fazer uma separação silábica e utilizar pedaços das palavras, afim de aumentar a compreensão.
Quem sabe seja um tema para uma próxima jornada.

Poema In Código

Jônatas Felipe Araujo Lima